AF231444

L7
K
240

UN PÉLERINAGE

A

L'ÉGLISE D'ANCINNES

(Extraits du *Nouvelliste Alençonnais* des
3, 10 & 24 août 1862).

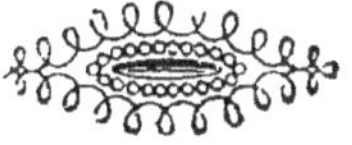

MAMERS

IMPRIMERIE JULES FLEURY

1862

UN PÉLERINAGE

A L'EGLISE D'ANCINNES

MAMERS

IMPRIMERIE JULES FLEURY

1862

UN PÉLERINAGE

A l'Église d'Ancinnes (1).

Domine dilexi decorem
domus tuæ.

Qui ne connaît l'église d'Ancinnes à vingt lieues à la ronde ? Depuis bientôt quatre ans, les visiteurs y affluent de toutes parts : évêques (2), prêtres, séminaires (3), archéologues, artistes, simple peuple. Les uns viennent étudier l'œuvre hardie et heureuse d'un curé de campagne qui, avec ses seules ressources, a voulu, su et pu décorer son église de très-remarquables peintures murales; les autres viennent chercher un aliment et des

---

(1) Ancinnes, gros bourg du Doyenné de Saint-Paterne, au diocèse du Mans, à 10 kil. S. E. d'Alençon.

(2) NN. SS. les évêques du Mans, de Séez, de Saint-Claude.

(3) Les grands séminaires du Mans et de Séez, le petit séminaire de Séez.

consolations pour leur piété; tous s'en retournent emportant quelques-unes de ces impressions suaves et pénétrantes que la religion seule peut produire. Cette modeste église de village a reçu les honneurs de la consécration, réservés aux seules basiliques. Et cependant de tous ces visiteurs, artistes, connaisseurs, hommes de plume, hommes de chaire, aucun n'a pris la peine d'écrire un mot d'admiration pour l'œuvre et de félicitations pour l'auteur, et de tracer pour les visiteurs futurs quelques lignes d'introduction et d'initiation (1). C'est là la raison et l'excuse de cette esquisse. Nous simple fidèle, nullement artiste, dénué de toutes les connaissances techniques, archéologiques, hagiographiques, iconographiques nécessaires pour élucubrer le plus mince rapport académique, nous allons examiner, avec notre foi seule, simple et ravie, l'œuvre de la foi. Donc, prenez votre bâton de voyage, allons faire une excursion aux *Saints d'Ancinnes*. Aussi bien la route est attrayante : verts taillis, bois majestueux, nobles châteaux, vastes horizons, tout fait oublier la longueur du chemin. Partons à la fraîche, l'esprit reposé par le sommeil de la nuit et ouvert aux émotions du beau. Nous arriverons au moment où le soleil encore léger éclairera d'un rayon discret les tableaux de l'église, nous verrons s'éloigner les dernières paysannes,

----

(1) Nous ignorions qu'à l'époque de la consécration de l'église, une excellente notice, descriptive de la cérémonie plutôt que de l'édifice, avait paru dans la *Chronique de l'Ouest* et avait été reproduite dans l'*Univers* et dans plusieurs autres journaux de l'ouest.

saluant d'un air de connaissance respectueuse leurs chères images ; peut-être aurons-nous la chance de rencontrer encore le curé, l'âme du lieu ; nous entendrons de sa bouche l'explication de son œuvre qui tirera de ces commentaires deux fois plus de prix.

Nous y sommes. Recueillons-nous, signons nos fronts avec l'eau bénite ; agenouillés sur la pierre, formons en nous les meilleures dispositions de respect et d'amour : nous sommes ici pèlerins, non froids curieux, et voici devant nous un spectacle qui eut ravi nos pères...

Un mot d'abord avant de passer le seuil.

I.

Rien au dehors ne fait pressentir les beautés intérieures. L'église d'Ancinnes est une construction nue des XIe et XIIe siècles, assez imposante par ses proportions qui dépassent celles de la plupart des églises de campagne. Une nef élevée, éclairée par sept fenêtres romanes à plein ceintre, terminée par un chœur plus bas et plus étroit, percé de trois ouvertures ; une tour massive, étayée par de lourds contreforts étagés, terminée par un toit en bâtière, flanquant la nef au midi, au point de sa jonction avec le chœur ; — au nord, une chapelle formant transept avec l'étage inférieur de la tour ; — trois portes basses, l'une ogivale, au pignon, deux latérales, à plein cintre à peine brisé, (il est facile de voir que la nef a été construite à deux reprises et prolongée) ; — à la tour, deux étages d'ouvertures, les inférieures grandes fenêtres ogivales sans menaux, ouvrant dans la chapelle, les supérieures, simples baies, deux géminées; — nulle décoration extérieure, pas le plus petit pilastre, pas la moindre moulure dans les archivoltes, quelques vieux corbeaux de bois, rongés par le temps sous la toiture, au bas de la nef; rien de remarquable dans l'appareil : — tel est l'édifice en bloc.

L'intérieur, par son ampleur et son élévation, paraît plus monumental. Trois arcs à plein cintre font communiquer la nef avec le chœur et les chapelles latérales. Des arceaux qui ne manquent pas d'élégance, supportés par des colonnes ou piliers fasciculés, couronnés de chapiteaux à gouttes ou à figures grimaçantes, ornent les voûtes du chœur et des chapelles. Ces dernières voûtes sont en pierre; celle de la nef est un lambris de chêne soutenu par de légers tirants aiguillés.

Bien s'en fallait, il y a six ans, que l'église fût ce que nous la voyons aujourd'hui. Il n'y avait pas de transept. La chapelle du nord n'existait pas, celle du sud était perdue pour l'édifice dont la séparait une épaisse muraille. Deux des fenêtres du chœur étaient complètement bouchées, la troisième l'était à moitié. La nef n'avait que quatre ouvertures asymétriques, une au pignon, une seule dans la cotière du nord. L'autel principal était au fond de l'abside, surmonté d'un mauvais rétable; deux autels latéraux, aujourd'hui transformés en crédences, couvraient les murs où s'ouvrent les chapelles. On commença par faire disparaître l'énorme blocage qui fermait la chapelle seigneuriale placée sous la tour. Les experts déclaraient bien que la destruction de cette muraille pourrait entraîner l'écroulement de la tour; mais le curé ne se tenait pas pour battu, il sondait le mur et finissait par découvrir l'arcade soupçonnée. On bâtissait à neuf le croisillon du nord, et là, le curé, architecte, devenait maçon, manœuvre. Il dirigeait le travail de ses ouvriers, hommes de la paroisse, à trente-deux sous par jour, qui taillaient les nervures des arceaux. On régularisait les fenêtres de la nef, on en perçait trois nouvelles, on débouchait celles du chœur: toutes ces fenêtres recevaient des vitraux peints. On enlevait dans la croisée de la nef deux tirants qui eussent masqué le tableau peint sur le pignon du levant. On apportait l'autel sous l'*arcus triompha-lis :* transport regrettable, mais qui ici comme ailleurs est justifié par certaines convenances du service divin (1). Et quand l'église fut ainsi complétée, réparée, elle paraissait si belle aux amis du curé que ceux-ci voulaient l'arrêter dans son projet. — Ne peignez pas, lui disait-on, c'est bon à Paris. Que voulez-vous de mieux ? Vous gâterez votre église. — Mais pour l'intrépide restaurateur, le gros seul était fait, cet uniforme enduit le choquait. Il avait dans son esprit le type parfait et complet de ses décorations murales, il voulait peindre, la providence lui fit trouver l'artiste dont il avait besoin, il peignit.

II.

La première impression qu'on éprouve en pénétrant dans l'église est celle d'un saisissement res-

---

(1) En enlevant l'autel du fond de l'abside on a retrouvé derrière lui, mais en ruines, l'ancien autel byzantin avec la piscine des ablutions.

pectueux. La lumière adoucie et modifiée par les vitraux, réfléchie sur les multiples et austères couleurs des murailles, prend un ton mystérieux qui, concentrant les facultés de l'âme, dispose à la contemplation et à la prière. C'est bien là ce jour mystique que le moyen-âge, notre maître dans les grands arts, produisait, et par les mêmes moyens, dans ces cathédrales, que l'antiquité payenne même recherchait dans ses bois sacrés.

L'œil un instant ébloui s'élève naturellement et se repose sur l'azur constellé de la voûte et sur deux rangs de personnages qui la décorent. L'azur étoilé c'est l'image du ciel ; les quatorze magistrales figures ce sont les douze apôtres, saint Julien et saint Jean le précurseur. Mais comme rien n'est fait sans une raison profonde, essayons d'en pénétrer la symbolique image. Dans l'ordre de la religion deux grandes voies mettent le ciel en communication avec la terre : l'enseignement et la grâce. Le fait dominant de l'enseignement c'est la prédication apostolique, continuée dans l'église gardienne des vérités ; les grands moyens de la grâce ce sont les sacrements, et éminemment l'Eucharistie, où l'auteur de toute grâce se donne à nous. Or les peintures de la nef sont consacrées aux prédicateurs de l'évangile et à Pierre chef de l'Eglise et patron de la paroisse ; celles du chœur au mystère eucharistique.

Six des apôtres sont peints de chaque côté de la nef ; après eux, à droite, au-dessus du tableau que nous décrirons plus tard et qui représente la consécration de l'église d'Ancinnes, saint Julien, premier évêque du Mans, et apôtre du diocèse ; à gauché, surmontant les tableaux que nous verrons consacrés au baptême, saint Jean-Baptiste, patron de maître Jean-Marie Dubois, curé d'Ancinnes. Rien n'est imposant comme ces quatorze personnages; c'est peut-être la partie la mieux réussie de toute la décoration murale. Leur taille de deux mètres est dans une juste proportion avec leur élévation au-dessus du sol et la hauteur de la voûte. Un nuage dense, reposant sur la corniche, supporte leurs pieds. Les voici vêtus de ces nobles costumes dont les couvrait l'art du moyen âge, apôtres et martyrs, tenant en leur mains les instruments de leur supplice, renvoyant à Dieu par l'expression de leur visage la gloire de leur triomphe, princes de la cour céleste, nos maîtres dans la foi, nos juges futurs :

Principes sacri senatûs orbis almi judices.

L'effet est vraiment grandiose, et l'on comprend mieux ce mot inscrit sur la bande flottante qui les relie les uns aux autres : *in omnem terram exivit sonus corum et in fines terræ verba eorum.* Leur voix n'est pas une voix humaine, c'est un bruit puissant traversant les espaces, dominant toute clameur et atteignant les confins du monde.

Comme transition entre la prédication universelle ainsi symbolisée par les Apôtres, et l'histoire particulière de saint Pierre, on a peint au pignon du couchant, au-dessus de la corniche, la vocation de saint Pierre. Ce tableau est d'un très-bel effet, Le lac de Génésareth, une troupe de goëlands dans les airs comme on en voit sur les lacs salés, un groupe de rochers au fond du tableau, deux barques bysantines; sur la première, Pierre aux pieds de

Jésus. — Après avoir travaillé toute la nuit sans rien prendre, Simon-Pierre a gagné la pleine eau et jeté le filet sur la parole de Jésus. « Ils prirent une si grande quantité de poissons que leur filet se rompait. Et ils firent signe à leurs compagnons qui étaient dans une autre barque, de venir les aider. Ils y vinrent, et ils remplirent tellement les deux barques qu'il s'en fallait peu qu'elles ne coulassent à fond. Ce que Simon-Pierre ayant vu, il se jeta aux pieds de Jésus, en disant : Seigneur, retirez-vous de moi, parce que je suis un pécheur... Alors Jésus dit à Simon : ne craignez point, votre emploi sera désormais de prendre des hommes; et ayant ramené leur barque à bord, ils quittèrent tout et le suivirent. »

Au-dessous de la corniche, dans toute la hauteur des fenêtres, règne une série de dix tableaux, deux au pignon, quatre sur chaque muraille latérale. L'un, en face de la chaire, représente le Christ en croix; quatre au bas de l'église sont consacrés : deux à la légende particulière de l'église d'Aucinnes, deux autres, situés sur les fonts, à des sujets en rapport avec le baptême. Les cinq autres, et un sixième, placé au tympan du pignon du levant, au-dessus de *l'arcus triomphalis* et faisant pendant à la vocation de saint Pierre, représentent les faits principaux de la vie de ce saint Apôtre. Poursuivons l'examen de ces derniers.

Primauté de saint Pierre.

Jésus ressuscité, comme l'indiquent les marques de ses plaies, a interrogé Pierre : « Simon, fils de Jean, m'aimez-vous plus que ceux-ci ? Pierre a répondu : Seigneur vous savez que je vous aime. Jésus lui a dit : paissez mes agneaux, paissez mes brebis (*Dixit Jésus : Simon Joannis diligis me plus his? Dixit petrus : Domine tu scis quia amo te. Dixit Jesus : pasce agnos meos, pasce oves meas*). » Et dans un autre endroit :

« Je vous donnerai les clefs du royaume des Cieux. » Pierre, à genoux, fixant sur Jésus des yeux pleins d'une amoureuse foi et d'une indomptable énergie, serre contre sa poitrine ces clefs, signe de sa dignité, dignité glorieuse et militante, qui va l'exposer lui et ses successeurs à toutes les fureurs des ennemis de son maître. Les Apôtres groupés derrière Pierre acceptent la primauté que Jésus lui confère. Des agneaux paissant figurent le bercail de l'Église.

Boiteux guéri à la porte du Temple (en face du tableau précédent).

Une preuve de la mission divine c'est le don des miracles. « Pierre et Jean montaient au temple.... et il y avait un homme, boiteux dès le ventre de sa mère, que l'on portait et que l'on mettait tous les jours à la porte du temple..... Cet homme ayant vu Pierre et Jean qui allaient entrer dans le temple, les priait de lui donner quelque aumône... Pierre lui dit : je n'ai ni or ni argent, mais ce que j'ai, je vous le donne :

Levez-vous au nom de Jésus-Christ de Nazareth et marchez. Il se leva à l'heure même, se tint ferme sur ses pieds et commença à marcher. » *Petrus autem dixit : argentum et aurum non est mihi :*

quod autem habeo hoc tibi do : in nomine Jesu-Christi Nazareni surge et ambula. Et exiliens stetit et ambulabat.

Châtiment d'Ananie.

« Toute la multitude de ceux qui croyaient n'avait qu'un cœur et qu'une âme... toutes choses étaient communes entr'eux... aussi il n'y avait aucun pauvre parmi eux, parce que tous ceux qui possédaient des fonds de terre ou des maisons, les vendaient et en apportaient le prix, qu'ils mettaient aux pieds des Apôtres... Alors, un homme nommé Ananie et Saphire sa femme, vendirent ensemble un fonds de terre; et cet homme ayant retenu, de concert avec sa femme, une partie du prix qu'il avait vendu, apporta le reste, et le mit aux pieds des Apôtres; mais. Pierre lui dit : comment Satan a-t-il tenté votre cœur pour vous porter à mentir au Saint-Esprit, et à détourner une partie du prix de ce fonds de terre ! Ne demeurait-il pas toujours à vous, si vous l'aviez voulu garder.... Ce n'est pas aux hommes que vous avez menti, mais à Dieu.

Ananie, ayant ouï ces paroles, tomba et rendit l'esprit. » *(Dixit Petrus : Anania, cur tentavit Satanas cor tuum mentiri te Spiritui sancto et fraudare de pretio agri? audiens Ananias cecidit et expiravit).* Le peintre a tenté un tour de force en figurant Ananie au moment où, renversé par la parole de saint Pierre, sa tête va toucher le sol ; nous ne trouvons pas que ce *moment* ait été heureusement choisi.

Saint Pierre délivré de prison.

Le roi Hérode a fait arrêter saint Pierre. « Mais la nuit même qui précédait le jour qu'Hérode avait destiné à son supplice, comme Pierre dormait entre deux soldats, lié de deux chaînes, et que les gardes qui étaient devant la porte gardaient la prison, l'Ange du Seigneur parut tout d'un coup et remplit le lieu de lumière, et poussant Pierre par le côté, il l'éveilla et lui dit : levez-vous promptement. Au même moment les chaînes tombèrent de ses mains, et l'Ange lui dit : mettez votre ceinture et chaussez vos souliers. Il le fit., et l'Ange ajouta : prenez votre vêtement et suivez-moi : Il sortit donc. « (*Dixit Angelus ad Petrum : præcingere et calcea te caligas et fecit sic, et dixit illi : circumda tibi vestimentum tuum et sequere me)*.

Martyre de saint Pierre.

Voici venu le moment que Jésus avait prédit à Pierre, après l'avoir chargé de paître ses agneaux et ses brebis : « En vérité je vous le dis, lorsque vous serez vieux, vous étendrez vos mains et un autre vous ceindra. » Pierre est étendu sur la croix la tête en bas, ainsi qu'il l'a demandé lui-même par humilité. On peut lui mettre maintenant dans la bouche ces paroles qu'il prononçait après la Cène : « Seigneur où allez-vous? Jésus lui répondit : vous ne pouvez maintenant me suivre où je vais; mais vous me suivrez après. Pourquoi ne puis-je vous suivre maintenant? je donnerai ma vie pour vous. » *(Domine quò vadis? quò ego vado, Petre, non potes me modò sequi : sequeris autem postea. Quare non possum te sequi modò ? animam meam prò te ponam.)* Ce tableau, qui n'est pas parfait, se trouve très-bien placé au-dessus de la chaire, en face de Jésus en croix. On ne peut voir cette croix renversée, admirable symbole du triomphe dans la défaite, sans se souvenir que c'est elle que Pie IX a placée sur la poitrine de nos croisés de Castelfidardo.

Couronnement de saint Pierre.

Grande composition, très-étudiée, placée au-dessus de l'arc qui ouvre le sanctuaire. Jésus-Christ quitte le trône du Père, s'avance bénignement au-devant de son fidèle apôtre qui lui est présenté par les anges, et va lui mettre la couronne sur la tête. Toute la cour céleste est attentive : à côté des Patriarches de l'ancienne loi, on voit les Saints de la loi nouvelle qui ont précédé saint Pierre; à gauche, saint Joseph devant le roi David; à droite, saint Étienne, premier martyr; derrière lui, Moyse, Elie; au-dessus de ces derniers, saint Jean-Baptiste plus que prophète; au tympan, le Père Eternel, ayant à sa droite la Vierge Marie, et qui va recevoir le bienheureux Apôtre. Dans les retombées, deux anges qui portent les trophées de saint Pierre, ses chaînes et la croix de son supplice.

Jésus en croix (devant la chaire).

Christus factus est pro nobis obediens usque ad mortem, mortem autem crucis. Le Christ s'est fait obéissant pour nous jusqu'à la mort, jusqu'à la mort sur la croix.

Au pied de la croix, Marie, mère de Jésus, et Jean. On a pris soin de ne pas représenter le Christ nu; excellente pensée que l'on a même trop maigrement remplie. Nous eussions aimé trouver là Jésus-Christ vêtu de la longue robe à manches qui ne laisse voir que les extrémités des bras et des jambes, avec laquelle on le représentait en croix, vers les onzième et douzième siècles. Disons ici, à ce propos, que partout, à Ancinnes, on a scrupuleusement banni le nu. C'est là ce qui nous a valu entr'autres ces beaux anges, soulevés plutôt qu'enveloppés par leurs blanches robes et qui n'ont pas besoin d'une étiquette pour être distingués de ces impures déités dont on peuplait l'Olympe païen.

Au bas de l'église, au-dessus des fonts baptismaux, deux tableaux représentent : — le premier l'origine du mal dans le monde, la désobéissance de nos premiers parents : Eve, tentée par le démon sous la figure du serpent, offre à Adam le fruit défendu ; — le second, le baptême de Jésus-Christ par saint Jean, dans le Jourdain.

Du côté opposé, également au bas de l'église, deux tableaux sont consacrés à l'histoire de l'église d'Ancinnes, et demandent quelques détails.

Au milieu du seizième siècle, vivaient sept frères représentants d'une noble et riche famille descendant des croisés, qui possédait l'église d'Ancinnes. L'an 1558, dans l'église de N.-D.-du-Pré, au Mans, sur le tombeau de saint Julien, Guillaume de Coësme, l'aîné, accompagné de ses six frères, fit don aux chanoines du Mans de l'église d'Ancinnes et de tous les droits et privilèges qui y étaient attachés. C'est cette donation que l'on a représentée. L'inscription qui en fait loi est tirée du livre blanc du chapitre du Mans.

Willelmus de Cosmis una cum suis fratribus Fulcone, Hugone, Matheo, Gervasio, Amoricio, Bartholomeo et Drogone hanc ecclesiam dat capitulo Cenomanensi, die octavo kalendarum junii, anno 1558.

La famille de Coësme s'est éteinte, à ce qu'il paraît, au XVIIe siècle. On trouve à la terre de Coësmes (en allant d'Ancinnes à Bourg-le-Roi), un vaste manoir, au toit élevé, qui ne doit pas remonter plus loin que le XVIe siècle.

Le cinquième jour d'octobre 1858, une cérémonie à jamais mémorable, dans les fastes de l'église d'Ancinnes, et qui méritait d'être conservée par la peinture, réunissait toutes les populations des environs. Monseigneur Nanquette, évêque du Mans, accordant à l'œuvre et à l'auteur la plus haute faveur épiscopale, venait, avec l'assistance de Monseigneur Rousselet, évêque de Séez, consacrer l'église. Maître Jean-Marie Dubois, comme les anciens fondateurs ou restaurateurs, à genoux devant son évêque, présente à la bénédiction du prélat le modèle de son église. Derrière les deux évêques, les curés des paroisses voisines; à gauche, le peintre, qui méritait de figurer là : à droite, à genoux, partageant humblement les honneurs de cette journée qu'il a généreusement préparée par le travail de ses mains, un vieillard qui voudrait n'être pas remarqué, le beau-frère de M. le curé; enfin, pour compléter cette page d'histoire locale, deux Sœurs à genoux, rappelant qu'en cette même annnée fut fondée dans la paroisse la maison de la Providence.

Sur les panneaux de la chaire, on a peint les quatre Évangélistes qui complètent ainsi la figure de l'enseignement, symbolisé par les Apôtres et par saint Pierre, chef de l'Église. Au-dessous des Évangélistes, dans les panneanx correspondants du soubassement, les quatre animaux symboliques que nous retrouverons au fond du sanctuaire, dans la vision de l'apocalypse. Sur la porte de la chaire, saint Paul, à qui l'on a donné pour symbole le glaive, image de sa parole. Au ciel de la chaire, le saint Esprit qui enseigne toute vérité, est figuré par la colombe, entourée du nimbe crucifère, autour duquel rayonnent sept langues de feu, image des sept dons de l'Esprit-Saint.

Un peu de critique maintenant, au risque de chopper contre les règles ou le goût, et de mieux montrer notre ignorance. Nous n'aimons guère les encadrements qui entourent chacun des tableaux que nous venons de décrire : ils leur donnent trop l'air *d'images*. On eût put facilement sans eux, croyons-nous, distinguer chaque groupe ; et, quant aux inscriptions, on les eût placées au-dessous ou dans quelque coin, comme on faisait à l'époque.

Autre reproche inverse, mais qui s'adresse plutôt aux lieux qu'à l'ordonnateur. Il est regrettable que quelque démarcation frappante ne sépare pas l'histoire de saint Pierre des peintures consacrées au Baptême et à l'histoire de l'Église. L'œil, parcourant la suite uniforme des tableaux, perd son sujet, et il en résulte une certaine confusion. Il est de toute justice assurément, et conforme aux traditions, que les fondateurs ou restaurateurs figurent dans la décoration ; c'est avec un vrai plaisir qu'on

voit là, fixés pour la postérité, les traits du vénéra-
ble et hardi curé, des évêques. Mais n'eût-on point
pu réduire un peu les personnages, les transporter
dans une chapelle latérale, en un mot, établir une
distinction plus tranchée entre les Saints triom-
phants que l'Église offre à notre culte sur les
autels, et les fidèles de l'Église militante, *fluctibus
luctantes mediis ?*

Nous n'avons encore rien dit de l'artiste qui a
exécuté ces belles peintures (1), mais c'est pour
nous y arrêter plus amplement. Sans doute il n'est
personne qui, en parcourant l'église, ne retrouve
par ci par là de vieilles connaissances, et il est ma-
nifeste qu'en plusieurs points le peintre a été
copiste, mais en ces points là même, on peut le
féliciter d'avoir été heureux dans la reproduction.
Les compositions qui lui appartiennent sont étu-
diées, sans qu'on y sente l'effort; avec une grande
sobriété de moyens, il sait produire de beaux effets.
Le dessin qui est peut-être la partie faible, mais
qui n'est aussi, surtout dans la grande décoration
murale, que la carcasse de la peinture, laisse parfois
à désirer. La ligne est sévère sans roideur, ample
sans mollesse; la couleur est riche, harmonieuse.
L'expression, dans ce qu'il y a de plus général,
est celle qui convient à la peinture religieuse.
La plupart des personnages ont cet air de piété
tendre et béate qui peut prêter à rire aux sots,
mais qui n'est que l'épanouissement de la paix
intérieure. Nous pourrions relever quelques incor-

______

(1) M. Chadaigne, d'Alençon.

rections, quelques figures *bonasses,* quelques nez
un peu surperlatifs, quelques anges peu équilibris-
tes, mais chacun peut faire ces petites remarques.
Et d'ailleurs, sans soulever une thèse d'esthétique,
ne pourrions-nous point demander qu'est-ce que le
Beau, au point de vue des exigences de l'art chré-
tien. La perfection des formes ne peut être le
partage de tout le monde, elle ne constitue pas
même la vraie beauté. Celle-ci est l'expression
sensible de l'ordre et de l'harmonie intérieurs, la
transfiguration par l'âme d'une matière peut-être
grossière, rébelle, discordante. Tous les saints ont
perfectionné en eux le don de Dieu, mais ni tous
n'ont été des hommes de génie, ni tous des types
de beauté physique. Dieu merci nous avons connu,
nous connaissons des saints; tous sont beaux par
le rayonnement de leur âme, et c'est avec ce cor-
rectif de la beauté intérieure que le réalisme peut
être admis dans l'art. La beauté, en définitive, avec
ses types multiples n'est qu'une résultante; c'est
l'expression tout individuelle et infiniment variable
du triomphe de la volonté, aidée de la grâce sur les
dispositions natives. — « Je m'étais demandé par
quel procédé les artistes du moyen âge rendaient
charmants des types parfois si vulgaires, où ils pre-
naient ces figures communes et belles, où ils
avaient vu des saints camards, des anges louches,
des vierges lippues. Ils trouvaient cela dans les
couvents, dans les églises, dans les rues..... Il n'y
a pas de visage que le bon Dieu ne sache embellir.
Foi, amour, beauté, c'est le même mot. »
(L. Veuillot. *Çà et là. Vues prises du Cloître I.).*
— Ne soyons donc pas trop difficiles sur ce chapi-

tre. Saint Pierre est beau dans son type un peu vulgaire. Le peintre a eu soin de le représenter toujours semblable à lui-même. C'est bien là le simple pêcheur, illuminé par la sainteté; Pierre ne peut être sous les mêmes traits que Paul, le fier citoyen romain, l'ardent et sublime génie; ni ressembler à Jean, l'apôtre de la charité, à Luc, le médecin, à Mathieu, le collecteur de deniers publics. L'artiste pensait à tout cela. On voit qu'il a fait étude des costumes et de l'ornementation au moyen âge, quoique ses types ne soient pas les types byzantins. Nous reviendrons sur ce point en parlant des grisailles. Somme toute, et comme il faut ici juger les résultats en regard des moyens dont on disposait, l'artiste a droit à toutes nos félicitations. En onze mois de travail, faisant presque tout de ses mains, n'ayant eu que peu de temps pour se préparer, avec une rémunération qui laissait une large place à sa générosité, il a, sous l'inspiration et la direction du laborieux curé, couvert de peintures, grisailles, personnages, tableaux, toute la surface de l'église, et fourni, malgré certains défauts, la preuve d'un grand désintéressement, d'une rare facilité de travail et d'un vrai talent.

III.

La transition entre la nef et le chœur, entre les scènes terrestres de la prédication évangélique et les scènes mystiques de l'Eucharistie, est établie par les quatre grands Anges qui ont rempli les missions les plus illustres entre le ciel et la terre; à gauche, au-dessus de l'arc qui ouvre la chapelle du nord, Uriel, l'ange du jardin des Oliviers, tenant en main le calice de l'agonie; Raphaël, l'ange du voyage, le bâton à la main; à droite, Gabriel, offrant à Marie le lys de la virginité conservée et la nouvelle de la maternité divine; et Michel, tenant d'une main la balance qui pèse nos actions, et de l'autre, le glaive si terrible au démon.

Conformément à l'usage traditionnel qui n'admettait guère dans le sanctuaire que la représentation de Jésus-Christ, ou de scènes se rapportant directement à Jésus-Christ, les peintures du chœur sont, comme nous l'avons dit, consacrées au mystère eucharistique figuré sous l'ancienne loi, réalisé sous la loi nouvelle.

PREMIER TABLEAU (côté de l'Epître).

Sacrifice d'Abraham.

Arripuit gladium ut immolaret filium suum Isaac.

Un roc nu, crevassé, sinistre; Isaac, victime obéissante, la tête sur le bûcher, le cou tendu sous le glaive paternel ; Abraham, l'œil enflammé de l'énergie plus qu'humaine, nécessaire pour accomplir une telle immolation, le bras levé pour frapper son fils. Le peintre a suivi l'historien sacré aussi loin que possible, et, comme Abraham, nous nous sentons déchargé d'une horrible angoisse, à la vue du bel et doux ange qui vient arrêter le coup terrible.

DEUXIÈME TABLEAU.

Melchisedech rex et sacerdos.

Superbe tableau. Melchisedech, roi de Salem, debout, la couronne en tête, les yeux au Ciel, offrant, dans ses mains, le pain et le vin. Dans le lointain, derrière lui, les tentes du désert. Prêtre et roi! L'œil s'arrête avec complaisance sur ce majestueux visage, tandis que l'esprit se reporte amoureusement sur la réalité vivante et persécutée de la royauté pontificale.

TROISIÈME TABLEAU.

Sacrifice d'Abel.

Respexit Dominus ad Abel et ad munera ejus.
Sur le premier plan, Abel, pasteur de brebis, offre à Dieu dans la joie et la gratitude de son cœur, les premiers et les plus gras de ses agneaux. La fumée de son sacrifice s'élève, en une épaisse colonne, vers le Seigneur qui l'agrée, comme le montre la main bénissante qui apparaît entourée du nimbe crucifère. Dans le lointain, Caïn s'arrache les cheveux de désespoir, auprès de la maigre gerbe dont Dieu n'a pas accepté l'ingrate offrande, et que n'a pu enflammer l'inutile tison jeté sur le sol.

QUATRIÈME TABLEAU. (côté de l'Evangile).

Jésus-Christ servi par les anges.

Et angeli ministrabant ei.
Nous avouons que nous n'avons pas bien saisi le motif qui a fait placer ici Jésus servi par les Anges. Les tableaux précédents avaient amené sur nos lèvres la strophe de l'admirable prose du Saint-Sacrement.

> *In figuris præsignatur,*
> *Cum Isaac immolatur,*
> *Agnus paschæ deputatur,*
> *Datur manna patribus.*

Nous attendions là les emblèmes de l'agneau pascal et de la manne au désert. On a voulu laisser tout le côté de l'Évangile aux scènes de la nouvelle loi.

Le démon, figuré par des animaux symbolyques, s'est éloigné de Jésus, après l'avoir inutilement tenté, et assiste au spectacle. Le Sauveur, assis, reçoit de la main de deux anges, les mets, le raisin, l'orange, etc., qui vont rompre son jeûne de quarante jours.

CINQÜIÈME TABLEAU.

L'Agonie au Jardin des Oliviers.

Pater mi, fiat volontas tua. Mon père, que votre volonté soit faite.

Beau sujet, bien rendu, que malgré ce que nous venons de dire, nous regretterions de ne pas trouver à sa place. Le Christ en longue robe, couleur de sang, écrasé sous le poids de nos péchés dont il va porter la peine, est tombé sur le sol, la face contre terre. Un ange vêtu de blanc, relève ce corps brisé par l'agonie. Voici le calice, image de la Passion : au XIIᵉ siècle on eût mis la croix au lieu du calice.

SIXIÈME TABLEAU.

Institution de l'Eucharistie.

Panis angelicus fit panis hominum.

Le Christ debout, tient dans sa main, sous forme d'hostie, le pain qu'il change en son corps. Deux anges à genoux, les yeux fixés sur Jésus, adorent dans un tendre ravissement. La figure du Christ, l'attitude des anges, ce petit calice de forme primitive, cette nappe blanche et pure, tout est d'une onction et d'une simplicité divines. Une image complète de la Cène, Jésus assis au milieu de ses apôtres assis, seraient certainement d'un effet moins saisissant que ce consécrateur seul, adoré par les anges.

Nous sommes revenus à l'autel, à la réalité du mystère eucharistique. Mais n'oublions pas le prix de notre rachat, souvenons-nous que la messe pacifique a été précédée des horreurs du Calvaire, qu'autel et tombeau signifient immolation et mort. On a pris soin de nous le rappeler :

Hic acetum, fel, arundo,
Sputa, clavi, lancea....

Voici sur les deux crédences, représentés dans leur forme gothique, les instruments de la flagellation et du crucifiement : les fouets. le roseau, la couronne d'épines, la pourpre dérisoire; les clous, les tenailles, le marteau, l'éponge imbibée de fiel, la lance, l'inscription mise sur la tête du crucifié.

On a peint sur le devant du tombeau de l'autel deux petits sujets, à gauche, la mise au tombeau, à droite la résurrection. Jésus-Christ est déposé par Joseph d'Arimathie et Nicodème, en présence de sa mère, de saint Jean et de Marie-Magdeleine, — Puis, le sabbat passé, Marie-Magdeleine, Marie mère de Jacques et Salomé, passent au pied du calvaire où sont restées plantées les trois croix, viennent au sépulcre dès le matin, pour embaumer le corps du Sauveur. Un ange, assis près de la pierre sur laquelle on l'avait déposé, va leur annoncer que Jésus-Christ est ressuscité.

Christus vicit, regnat. Le Christ a vaincu il règne. Il règne d'abord sur le monde, prix de sa victoire, et c'est là ce qu'on a représenté sur la porte du tabernacle : Jésus-Christ tenant en main le globe du monde. Mais c'est au Ciel qu'il règne dans toute sa gloire. Levons les yeux, le voici au-dessus de la fenêtre du chevet, assis sur un trône d'or. C'est une page de l'apocalypse.

Saint Jean, ravi en esprit, voit sur son trône le Père éternel, tenant fermé de sept sceaux, le livre que l'agneau seul, blessé à la gorge, peut ouvrir. Ici, c'est Jésus-Christ même, l'agneau immolé pour le salut du monde, qui est représenté, assis sur le trône, tenant le livre ouvert. « Je vis un trône dressé dans le Ciel, et quelqu'un assis sur ce trône.... et il y avait autour de ce trône un arc-en-ciel qui paraissait semblable à une émeraude.... et alentour, il y avait quatre animaux.... le premier animal était semblable à un lion, le second était semblable à un veau, le troisième avait le visage comme celui d'un homme, et le quatrième était semblable à un aigle qui vole.... Alors l'un des vieillards me dit : Voici le lion de la tribu de Juda, le rejeton de David qui a obtenu par la victoire le pouvoir d'ouvrir le livre et d'en lever les sceaux.... et j'entendis autour du trône.... la voix de plusieurs anges, et il y en avait des milliers de milliers, qui disaient à haute voix : l'agneau qui a été égorgé est digne de recevoir puissance, divinité, sagesse, force, honneur, gloire et bénédiction. »

Tel est le chant de ces neuf anges peints à la voûte, entre les arceaux, et qui représentent les neufs chœurs des esprits bienheureux. L'ordonnateur et le peintre ont été bien inspirés dans toute cette décoration du sanctuaire ; chaque page est un acte de foi et d'amour : amour et foi qui pénètrent le pélerin, lorsque retiré derrière l'autel, entre les patriarches, le Christ et les anges, il livre son âme aux sentiments que lui suggèrent ces belles peintures, et croit entendre retentir sur sa tête les cantiques des Esprits célestes.

IV.

La chapelle, sous la tour est celle de la sainte-Vierge. Deux tableaux placés de chaque côté de la fenêtre, représentent la communion de la très-sainte Vierge et la proclamation du dogme de l'Immaculée Conception.

Fili, ecce mater tua. Fils, voici votre mère.

Marie, à genoux, reçoit la communion de la main de saint Jean. Jésus mourant avait confié sa mère au disciple qu'il aimait, et celui-ci depuis lors, l'avait recueillie, au rapport de l'Évangile. Maintenant Marie va quitter la terre, et saint Jean, rendant au Sauveur ce sacré dépôt, lui adresse à son tour cette parole : Fils, voici votre mère. Deux anges servent de témoins et *d'acolytes* à cette scène toute céleste.

Le plus grand fait religieux de notre époque, et le plus glorieux pour la très-sainte Vierge, c'est la définition dogmatique de sa conception immaculée. Le Pape, debout sur son trône, dans l'appareil de la puissance pontificale, proclame dogme de foi la croyance universelle de l'Église. Assis sur les marches du trône, un évêque, se faisant l'écho de tous les Évêques du monde, consultés par le Saint-

Père, répond que Marie a été conçue sans péché : *Maria sine labe concepta.* Nous voyons ici une fois de plus, combien l'on a compris à Ancinnes les convenances et les ressources de la peinture murale qui peut servir à l'histoire autant qu'à l'instruction et à l'édification des fidèles. Cet évêque c'est un vieillard, c'est Mgr Bouvier, l'avant-dernier évêque du Mans, lequel, tout particulièrement appelé à Rome par Pie IX, s'y rendit malgré son âge et ses infirmités, tomba malade dès son arrivée dans la ville sainte, et mourut presque dans l'embrassement du Souverain-Pontife.

Nous trouvons avec plaisir sur l'autel un tableau de la main d'une pieuse artiste Alençonnaise, Mlle V..... : un beau saint Dominique recevant le rosaire des mains de la sainte Vierge.

Vis-à-vis l'autel, une grande surface est demeurée nue. La faute en est à l'humidité qui imprègne l'épaisse muraille, et qui, malheureusement ne respecte pas les deux tableaux peints de chaque côté de la fenêtre. Nous pouvons à ce sujet, rassurer les alarmés et les alarmistes. Depuis quatre ans les peintures se sont conservées dans leur teinte et leur fraîcheur primitives. Rien n'a passé, rien ne s'est altéré. Sur quelques parties trop fraîches, la peinture a souffert comme on devait s'y attendre, mais ces dégâts sont facilement réparables.

Chapelle de saint Joseph.

PREMIER TABLEAU. — à côté de la fenêtre.

Mariage de la sainte Vierge.

Joseph vir ejus.

DEUXIÈME TABLEAU.

Songes de saint Joseph.

La gloire de saint Joseph c'est d'avoir été le chef de la sainte famille, le protecteur de Jésus et de Marie. Ce rôle lui valut des communications célestes, et saint Mathieu nous raconte plusieurs de ces messages angéliques, dont deux sont figurés dans le tableau qui nous occupe. Joseph a reconnu la grossesse de Marie. « Or Joseph étant juste et ne voulant pas la déshonorer, résolut de la renvoyer secrètement; mais, lorsqu'il était dans cette pensée, un ange du Seigneur lui apparut en songe, et lui dit : Joseph, fils de David, ne craignez point de prendre avec vous Marie, votre femme : car ce qui est né dans elle a été formé par le Saint-Esprit. » — Plus tard, Hérode ayant appris la naissance de l'enfant Jésus, le cherchait pour le faire mourir. « Un ange apparut à Joseph pendant qu'il dormait, et lui dit : levez-vous, prenez l'enfant et sa mère et fuyez en Égypte, et n'en partez point jusqu'à ce que je vous le dise : car Hérode cherchera l'enfant pour le faire mourir. *Surge et accipe puerum et matrem ejus et fuge in Egyptum.* »

Le troisième tableau, peint sur l'autel, montre pourquoi l'on a choisi saint Joseph pour le patron de la bonne mort. Le saint patriarche est arrivé au terme de sa carrière. Comparez Joseph mourant avec Joseph endormi; ce dernier couché, abattu, dans l'attitude de la mort; le premier assis, attendant dans la paix le signal du départ. Le peintre nous a fait sentir combien a dû être heureuse cette mort entre Jésus et Marie.

Les deux crédences, placées de chaque côté du maître-autel, sont surmontées de deux anciens tableaux, restaurés, presque refaits par M. Chadaigne, et qui ne rentrent pas dans le plan général : Une sainte Anne instruisant la sainte Vierge, et un délicieux saint Sébastien.

Dans la nef, au-dessus des trois portes, on a peint des armes qui sont en quelque sorte la contre-signature et la date de la restauration de l'église; au pignon les armes de Monseigneur Nanquette, évêque du Mans; au sud, en face des armes figuratives de saint Pierre, celles de Pie IX, le pape régnant.

Terminons cette revue par un mot sur les grisailles. Il n'y a pas dans toute l'église un pouce carré qui ne soit peint, nulle part on ne voit de peinture unie et tout a été peint à la main; rien absolument rien n'a été fait par le procédé dit du *pochoir*. Avec quelques figures élémentaires et quelques couleurs composant un petit nombre de motifs, on a couvert toutes les parties restées nues, et simulé les reliefs qui manquaient, socles, cordons, corniches, piliers, arceaux, archivoltes. A part quelques arabesques, guillochis, hachures, les éléments de toutes les grisailles sont la croix, le triangle, la figure rectangulaire ou losangique; la croix surtout, qu'on retrouve partout et le triangle. En cela on a suivi l'exemple du moyen âge qui tenait tant, dans ses décorations, à ces deux Symboles du Crucifié et de la Trinité Sainte. Avec ces formes si simples, on a su reproduire de très-heureuses combinaisons. Citons en particulier la corniche et une bordure faisant le tour de la nef, empruntées, croyons-nous, à l'église de Saint-Cénery, dont les vieilles peintures, retrouvées sous le badigeon, ont été restaurées par le même M. Chadaigne, — lesquelles composées uniquement de quelques carreaux rouge brique, simplement agencés, sont d'un très-bon effet. Simplicité dans les moyens et dans les éléments, variété dans les détails, harmonie dans l'ensemble, tel est le caractère général de toute cette partie du travail. Nous osons à peine dire qu'il est regrettable que, tant ici que dans les tableaux, on ait fait un usage trop restreint de l'or. L'or rehausse la peinture, il convient merveilleusement aux nimbes; on savait cela mieux que nous à Ancinnes, mais nous savons tous ce que coûte l'or. C'est du reste une lacune qu'il sera toujours facile de combler....... quand on aura de l'or.

V.

Il fallait certes une foi hardie et une hardiesse éclairée pour entreprendre et mener à bonne fin le travail que nous venons de d'écrire. Ce n'est qu'au prix de millions et d'années que l'on peint nos basiliques. Ici, le résultat a dépassé l'attente et franchi de bien loin l'enceinte de l'église. L'amour du clocher, l'esprit religieux et paroissial, qui attache l'homme au sol, qui fixe les liens de la famille, qui fait la vie de la commune, s'est grandement développé. Ouailles et pasteur ne font qu'un; on est fier de son église, de son curé, de l'œuvre du curé : et elle est véritablement sienne, puisque personne n'y a contribué par une obole. On aime les cérémonies religieuses; on ne voudrait pas dormir son dernier sommeil ailleurs qu'à l'ombre de la vieille tour. La paroisse est devenue davantage ce qu'elle était déjà, une paroisse profondément chrétienne.

Pour nous, gens de Séez, qui n'allons guère qu'à la remorque, chez lesquels, par lenteur et apathie de nature et par défaut d'impulsion supérieure, rien ne se fait, allons à Ancinnes, non pour y chercher des modèles irréprochables, mais pour y puiser le zèle d'agir. Voici que dans le diocèse du Mans tout le monde a l'outil à la main. Quatorze églises, à l'instar de celle d'Ancinnes, se couvrent de peintures murales, et cette ardeur de restauration envahit tout l'Ouest. Étudions, imitons les modèles; souvenons-nous que sur ce terrain on pourrait presque dire, en modifiant un peut le poëte :

Rien n'est beau que le vieux.

Que l'on n'aille plus chercher le type de nos églises dans les halles ou dans les fabriques. Que nous n'ayons plus besoin, pour y prier, d'y fermer d'abord les yeux; que nos sens y puissent devenir tout naturellement les ailes de l'âme. Que l'impatience de jouir de nos œuvres ne nous pousse pas à des précipitations irréparables : nos ancêtres qui ne connaissaient pas les procédés expéditifs, savaient consumer leur vie en des entreprises dont ils ne voyaient pas la fin. Aimons, ornons nos églises, plus que jamais elles sont devenues l'arche de toute vérité et de tout droit, l'arsenal de toute défense et le palladium de la société.

E. L.